글 이혜원

누구보다 이야기를 사랑하고 즐깁니다. 재미난 이야기로 어린이들의 마음을 따뜻하게 할 글을 쓰고자 노력하고 있습니다.

그림 리버앤드스타 스튜디오

웹툰, 일러스트, 디자인, 애니메이션 등의 작품을 개성있고 아름답게 창조합니다. '리버앤드스타'는 문명의 근원지인 강가에서 사람들이 별을 쳐다보며 꿈을 꾸었다는 이야기에서 착안했습니다. 강호면 작가를 필두로 빛나는 별처럼 환상적인 창작물을 내놓고 있습니다.

다산어린이 공식 카페

책을 더 재미있게, 책을 더 오래 기억하는 방법

다산어린이 공식 카페에는 다양한 독서 활동 자료가 있습니다.
자료를 활용하여 아이들의 독서 흥미를 더욱 키워 주세요.

who? special

이강인

글 이혜원
그림 리버앤드스타 스튜디오

추천의 글

존 던컨 John B. Duncan
미국 UCLA 아시아언어문화학부 교수

한국학 분야의 세계적인 석학으로 미국 UCLA 한국학 연구소 소장 및 동 대학의 아시아언어문화학부 교수를 겸직하고 있습니다.

자신만의 멘토를 만날 수 있는 who? 시리즈

다산어린이의 《who?》 시리즈는 어린이들은 물론 어른들에게도 재미와 감동을 주는 교양 만화입니다. 《who?》 시리즈는 전 세계 인류에 영향력을 끼친 인물들로 구성되었으며 인물들의 삶과 사상을 객관적으로 전해 줍니다.

이처럼 다양한 나라와 분야에서 활약한 위인들의 이야기를 통해 과학, 예술, 정치, 사상에 관한 정보는 물론이고, 나라별 문화와 역사까지 배우게 될 것입니다. 《who?》 시리즈의 가장 큰 장점은 위인들이 그들의 삶에서 겪은 기쁨과 슬픔, 좌절과 시련, 감동을 어린이들이 함께 느낄 수 있다는 것입니다. 어린이들은 이 책을 읽으면서 폭넓은 감수성을 함양하게 됩니다.

《who?》 시리즈의 어린이 독자들이 책 속의 위인들을 통해 자신만의 멘토를 만나 미래의 세계적인 리더로 성장하기를 진심으로 응원합니다.

세상을 더 나은 곳으로 만든 사람들의 이야기

에드워드 슐츠 Edward J. Shultz
하와이 주립 대학교 언어학부 교수
하와이 주립 대학교 언어학부 교수인 에드워드 슐츠는 동 대학의 한국학센터 한국학 편집장을 역임한 세계적인 석학입니다.

어린이들은 자라면서 수많은 궁금증을 가지게 됩니다. 그중에서도 "저 사람은 누굴까?"라는 질문은 종종 아이들의 머릿속을 온통 지배해 버리기도 합니다. 다산어린이에서 출간된《who?》시리즈는 그런 궁금증을 해결해 주기 위해 지구촌 다양한 분야의 리더들을 소개하고 있습니다.

《who?》시리즈에 등장하는 인물들은 인종과 성별을 넘어 세상을 더 나은 곳으로 만든 사람들입니다. 어린이들은 이 책에서 디지털 아이콘으로 불리는 스티브 잡스는 물론 니콜라 테슬라와 같은 천재 발명가를 만날 수 있습니다.

책 속 주인공들의 어린 시절 이야기를 통해 기쁨과 슬픔, 도전과 성취감을 함께 맛보고, 그들과 함께 성장하면서 스스로 창조적이고 인류에 도움이 되는 사람이 되겠다는 포부와 자신감을 갖게 될 것입니다. 《who?》시리즈 속에서 다채롭고 생동감 넘치는 위인들의 이야기를 만나 보세요.

차례

추천의 글 · 4 | 프롤로그 · 8

1장 떡잎부터 축구 선수   12
    통합 지식 플러스 ❶ 축구의 규칙   32

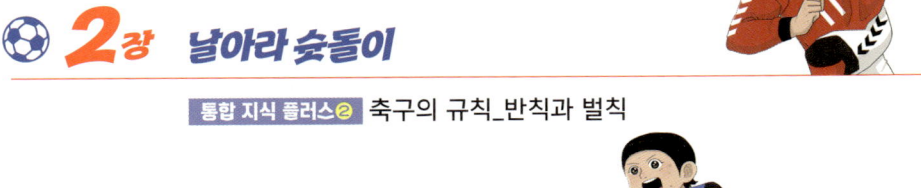

2장 날아라 숯돌이   34
    통합 지식 플러스 ❷ 축구의 규칙_반칙과 벌칙   56

3장 한국을 넘어서   58
    통합 지식 플러스 ❸ 축구의 포지션   78

4장 경쟁의 시작   80
    통합 지식 플러스 ❹ 축구의 개인기   102

 **5장** 프로 무대에 데뷔하다   104

통합 지식 플러스❺ 축구와 관련된 직업   122

 **6장** 빛나는 월드컵   124

통합 지식 플러스❻ 세계 명문 축구 구단   138

 **7장** 도전은 이제 시작이다   140

인물 돋보기 · 162
연표 · 164 | 독후 활동 · 166

2023년 10월, 아시안 게임 결승전 대한민국 대 일본

오오오—

와아아—

골—인

와아아아

현재 0:1로 대한민국이 끌려가는 상황입니다.

파앙

골~인!!!

접전 끝에 정우영이 동점골을, 조영욱이 결승골을 넣으며 2:1로 대한민국이 승리했습니다.

두 번의 득점으로 결국 대한민국이 우승을 차지합니다!

대한민국을 대표해서 뛴 경기에서 처음으로 우승했어.

와아아아

1장

떡잎부터 축구 선수

> "테스트를 통과하기 쉽지 않을 거야.
> 그래도 엄마는 우리 강인이가
> 할 수 있을 거라 믿어."

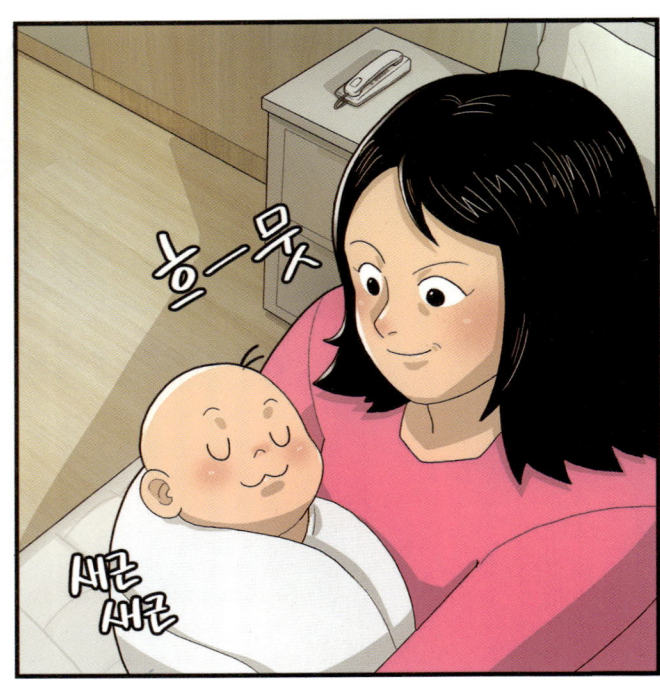

3년 후

4살 무렵부터 이강인은 아버지가 운영하는 태권도 도장을 다니며 뛰어난 축구 실력을 뽐냈습니다.

2007년, 미취학 아동들이 축구를 배우며 성장하는 '날아라 슛돌이'라는 TV 프로그램이 큰 인기를 끌고 있었습니다. 6살이 된 이강인도 이 프로그램에 출연하기 위해 오디션장을 찾았습니다.

▶ 통합 지식 플러스 ①

축구의 규칙

축구를 재미있게 즐기기 위해
알아 두면 좋을
기본 규칙은 무엇이 있을까요?

하나 진행 방식

축구는 두 팀이 발로 공을 차서 승부를 겨루는 스포츠예요. 선수들이 공정하고 안전하게 승부를 겨룰 수 있게 만든 규칙을 기준 삼아 경기를 진행해요.

축구의 기본 규칙은 간단해요. 각 팀마다 11명의 선수가 출전하여, 손을 사용하지 않고 골을 더 많이 넣는 팀이 이기는 거예요. 축구 경기는 전반전과 후반전 각각 45분 동안 치르며, 전반전과 후반전 사이에 15분 동안의 휴식 시간을 가져요. 경기 도중 선수의 반칙이나 부상, 교체 등으로 경기 중단 시간이 긴 경우에는 전반전과 후반전이 모두 끝난 후 주심이 판단해 추가 시간을 부여해요.

축구는 경기가 종료될 때까지 득점을 많이 한 팀이 승리를 가져가요. 득점은 팔과 손을 제외한 신체 부위로 공을 차서 골대 안으로 넣어야 해요. 공이 골대 밑에 있는 골라인 안으로 완전히 들어가야만 득점으로 인정되지요. 만약 공이 라인 일부라도 닿아 있다면 득점으로 인정되지 않아요.

추가 시간까지 경기를 진행했지만 점수가 똑같다면 무승부로 경기가 끝나요. 아시안 게임이나 월드컵처럼 반드시 승부를 내야 하는 경우엔 연장전을 치러요. 연

승부차기 ⓒ rayand

장전은 전반전과 후반전으로 각 15분씩 진행되는데, 이때는 중간 휴식 시간이 없어요. 연장전에서도 승부가 가려지지 않을 경우 승부차기를 해요. 승부차기는 양 팀에서 정한 5명의 선수가 나와 번갈아 가며 공을 차는 방식으로 진행해요. 다섯 번 모두 차기 전에 승부가 확실해지면 거기서 경기가 끝나요. 만약 다섯 번의 승부차기를 한 뒤에도 동점이라면 승부가 끝날 때까지 계속 승부차기를 진행해요.

심판

축구는 심판의 재량이 크게 발휘되는 스포츠 중 하나예요. 보통 축구 경기에는 1명의 주심과 2명의 부심, 1명의 대기심까지 총 4명의 심판이 있어요. 주심은 경기를 진행할 뿐 아니라, 규칙을 시행하고 경기를 통제하는 역할을 해요. 부심은 터치라인에서 주심을 도와요. 오프사이드나 반칙, 공이 경기장을 벗어나는 상황 등이 발생하면 깃발을 들어 주심에게 알려요. 대기심은 경기장 밖에서 선수 교체, 선수들의 장비 확인, 추가 시간 공지 등을 도와주지요.

경기를 관리하는 심판 © Steindy

VAR(Video Assistant Referee)

2016년 국제 축구 연맹(FIFA)에서 축구 경기의 공정성을 더하기 위해 도입한 비디오 판독 시스템이에요. 필드에 있는 주심과 부심, 대기심과는 별개로 VAR 담당 심판이 배정돼요. VAR 심판은 비디오실에서 송출되는 모든 경기를 지켜보고 오심의 우려가 있는 판정을 내렸을 때 의견을 전달해요. 만약 판정이 번복될 가능성이 있다면 주심이 직접 영상을 확인하는 과정을 거쳐요. 이를 '온필드 리뷰'라고 해요. 영상 자료를 이용한 판독이라 명확한 판정이 가능하다는 장점이 있지요.

축구에 필요한 장비

축구에 필요한 장비는 유니폼, 골키퍼용 장갑, 축구공 등이 있어요.
유니폼은 팀의 구분을 위해 서로 다른 색상을 입어야 해요. 또 심판들과 구별되는 색상의 유니폼을 입어야 하지요. 90분 동안 쾌적하게 경기에 임할 수 있게 가볍고 쉽게 찢어지지 않는 소재로 만들어졌어요.
골키퍼 장갑은 골키퍼가 축구공을 잘 잡을 수 있는 '라텍스'라는 소재를 사용해 만들어졌어요. 또한 손가락 부분에는 부상을 방지하기 위해 구부러지는 소재로 만든 손가락 보호 장비도 있어요.
축구공은 가죽이나 합성 재질을 사용해 만들어요. 축구 경기에는 국제 축구 연맹(FIFA)에서 지정한 규격의 축구공을 사용하지요.

2장

날아라 슛돌이

> 강인이는 어려운 기술도
> 자유자재로 구사할 수 있어.
> 마치 성인 선수를
> 작게 축소해 놓은 것 같아.

* 플립 플랩: 공을 발 바깥으로 밀어낸 후에 빠르게 발 안쪽으로 끌어당겨 상대를 속이는 기술

이강인은 뛰어난 경기력과 리더십으로 슛돌이 팀의 주장을 맡아 활약했습니다.

강인이…, 내 생각보다 더 뛰어난 선수야.

- **직접 프리 킥:** 비교적 심한 반칙을 한 경우 허용되는 직접 프리 킥은 반칙이 일어난 지점에서 시행돼요. 이때 반칙을 저지른 팀의 선수들은 공에서 최소 9.15미터 이상 떨어져 있어야 하지요. 직접 프리 킥의 경우 선수가 찬 공이 상대 팀의 골대에 곧바로 들어가도 득점으로 인정돼요.
- **간접 프리 킥:** 비교적 가벼운 반칙을 한 경우 주어지는 간접 프리 킥은 주심이 위치를 정해요. 이때도 반칙을 저지른 팀의 선수들은 공에서 최소 9.15미터 이상 떨어져 있어야 하지요. 간접 프리 킥에서는 선수가 찬 공이 바로 골대에 들어가도 득점으로 인정되지 않아요.

좋은 득점 기회인 프리 킥 @ Ardfern

페널티 킥

수비 팀 선수가 페널티 구역 안에서 직접 프리 킥에 해당하는 반칙을 했을 때 공격 팀에게 페널티 킥 기회가 주어져요. 페널티 킥을 차는 선수는 지정된 곳(골대에서 11미터 떨어진 곳)에 놓인 공을 골대를 향해 차는데, 이때 골키퍼와 공을 차는 선수를 제외한 다른 선수들은 모두 페널티 마크에서 9.15미터 뒤로 물러나 있어야 해요. 골키퍼는 상대 선수가 페널티 킥을 차기 전까지 골라인 앞으로 나올 수 없어요.

오프사이드

오프사이드 위치에 있는 공격 팀 선수가 팀 동료가 패스한 공을 받는 순간 오프사이드 반칙이 돼요. 오프사이드 위치는 공격 팀 선수의 몸(팔, 손 제외)이 공과 수비 팀 최후방 두 번째 선수보다 상대 골라인에 더 가까이 있는 경우예요. 오프사이드 반칙은 공격 팀 동료가 공을 가지고 플레이하는 순간에 오프사이드 위치에 있는 공격 팀 선수가 경기 진행에 간섭하거나, 상대의 수비를 방해하거나, 적극적으로 이득을 얻으려 할 때 선언돼요. 오프사이드가 선언되면 공격 팀의 공이 골대에 들어가도 득점으로 인정되지 않아요. 오프사이드가 발생하면 심판은 수비 팀에 간접 프리 킥을 줘요.

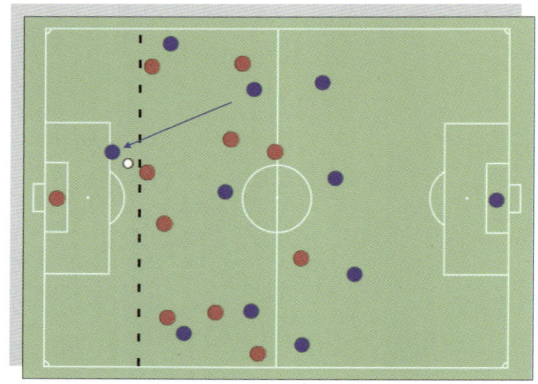

오프사이드 상황 © NielsF

▶ 통합 지식 플러스 ❷ ▼

축구의 규칙_
반칙과 벌칙

축구는 정해진 규칙에 따라 진행돼요.
선수들이 이를 어기면
심판이 반칙을 선언하고,
벌칙을 부여하지요.

하나 경고

선수가 심한 반칙을 한 경우에 주심은 경고의 의미로 옐로카드를 꺼내요. 선수가 스포츠 정신에 어긋나는 행동을 하는 경우, 심판의 판정에 지나치게 항의하는 경우, 반복해서 규칙을 위반하는 경우, 고의로 경기 재개를 지연시키는 경우, 프리 킥·코너킥·스로인을 할 때 규정된 거리를 지키지 않는 경우, 주심의 허락 없이 경기장에 들어가거나 혹은 재입장하지 않는 경우, 주심의 허락 없이 고의로 경기장을 나가는 경우 등에 경고가 부여돼요.

둘 퇴장

레드카드는 고의적으로 상대방에게 큰 피해를 끼쳤을 경우 부여돼요. 과격한 반칙을 하는 경우, 난폭한 행위를 하는 경우, 일부러 손으로 공을 건드려 상대 팀의 득점을 방해하는 경우, 상대 팀의 득점 기회를 저지하는 경우, 불쾌하고 모욕적인 행위를 하는 경우 등이 속하지요. 한 경기 내에 두 번의 옐로카드를 받는 경우도 레드카드를 받아요.
주심이 선수에게 레드카드를 꺼내면 선수는 즉시 경기장을 떠나야 돼요. 레드카드로 선수가 퇴장당한 팀은 선수를 채워 넣을 수 없고 해당 선수를 뺀 채 게임을 진행해야 해요.

셋 프리 킥

필드 위에서 선수가 반칙을 했다면 상대 팀에게는 방해를 받지 않고 공을 찰 수 있는 프리 킥의 기회가 주어집니다.

3장

한국을 넘어서

> 형들하고 같이 훈련받으면
> 언젠가 마라도나를 넘어서는
> 선수가 될 수 있을 거야.
> 넌 충분히 가능성이 있단다.

이강인은 인천 유나이티드 유소년 팀에 입단해 실력을 갈고 닦았습니다. 당시 6살의 나이로 10~13살 선수들과 함께 훈련하며 축구 천재의 면모를 보였습니다.

며칠 뒤

* **라보나 킥**: 균형을 잡는 다리의 뒤로 다른 다리를 돌려 X자로 꼰 다음 공을 차는 기술

통합 지식 플러스 ③

축구의 포지션

포지션은 축구 경기에서 선수들의 위치와 역할을 말해요. 경기에서 이기려면 11명의 선수가 각자의 포지션에서 서로 협력하며 조화를 이루어야 해요.

하나 골키퍼(Goalkeeper/GK)

골키퍼는 상대 팀이 찬 공이 골대 안으로 들어가지 못하게 방어하는 역할을 해요. 골키퍼는 페널티 구역 안에서 유일하게 손을 사용할 수 있는 포지션으로 다른 선수와 구분되는 색의 옷을 입어요. 슛을 몸으로 직접 막아야 하는 골키퍼는 민첩성, 판단력, 집중력, 위험 감수 능력 등이 필요해요.

몸을 날려 공격수의 공을 막는 골키퍼

둘 공격수(Forward/FW)

공격수는 상대 팀의 골문을 공략해 득점을 올리는 역할을 해요. 수비를 따돌리며 팀의 다른 공격수가 득점할 수 있게 돕거나 직접 골을 넣지요. 공격수는 보통 상대 팀 골대에서 가장 가까운 곳에 위치하기 때문에 상대 팀 수비수들에게 집중적인 견제를 받아요. 공격수는 몸싸움에서 지지 않는 신체 능력, 골 결정력, 과감함, 빠른 반응 속도 등이 요구되는 포지션이에요. 공격수는 세부적인 역할에 따라 중앙 공격수(센터 포워드), 세컨드 스트라이커, 윙 포워드 등으로 나뉘어요.

셋 미드필더(Midfielder/MF)

미드필더는 경기장 중앙에서 공격수와 수비수를 연결하는 역할을 해요. 미드필더는 다양한 역할을 수행해요. 상대 선수가 공을 소유하고 있을 때는 수비수와 함께 공을 빼앗아 같은 팀 공격수에게 전달해요. 반대로 공격을 진행할 때는 공격수를 돕고 상대 수비 진영을 흐트러트리는 역할을 해요.

미드필더는 정확한 패스, 경기의 흐름을 읽는 능력, 경기 내내 뛸 수 있는 체력 등 여러 가지 능력이 필요한 포지션이에요. 미드필더는 공격형 미드필더, 중앙 미드필더, 측면 미드필더, 수비형 미드필더 등으로 나뉘어요.

넷 수비수(Back, Defender/DF)

수비수는 골키퍼와 함께 상대 팀의 득점을 막는 역할을 해요. 페널티 지역 밖으로 공을 걷어 내고, 동료들과 상대 팀 공격수를 저지해요. 상대 팀의 득점을 효과적으로 막기 위해 보통 경기장 중앙선 뒤쪽에 위치하지요. 수비수는 중앙 수비수(센터 백), 사이드 백, 윙 백, 풀백, 하프백 등으로 나뉘어요.

공격수를 막고 있는 수비수

다섯 포메이션

포메이션은 골키퍼를 제외한 10명의 선수를 경기장에 배치하는 전술적인 구조를 말해요. 각 포지션에 배치할 인원수를 4-2-4, 3-5-2 등과 같이 숫자 표기로 나타내며, 수비수-미드필더-공격수의 순서로 표기하지요. 축구 전술이 많이 발전하면서 포메이션도 다양해졌어요. 경기에 사용할 포메이션은 감독이 결정하는데 보통 각 선수의 능력, 상대 팀의 성향, 경기 상황에 따라 정해요.

일반적인 4-3-3 포메이션의 구성

4장

경쟁의 시작

> 나는 경기가 시작되면
> 다른 건 생각하지 않으려고 노력해.
> 오직 축구에만 집중하지.

이강인은 뛰어난 실력에도 불구하고 언어의 장벽에 부딪쳐 어려움을 겪었습니다.

2011년 7월 발렌시아 CF 유소년 팀에 입단한 이강인은 우려와 달리 금세 팀에 적응했고, 토렌트 대회, 마요르카 국제 축구 대회에 출전해 MVP로 선정되는 등 빼어난 활약을 펼쳤습니다.

통합 지식 플러스 ④

축구의 개인기

축구 선수가 현란하게 공을 다루며 경기장을 누비는 모습을 보면 감탄이 절로 나와요. 상대 선수를 제치거나 속여 팀에 기회를 만들어 주는 축구 개인기에 대해 알아볼까요?

하나 마르세유 턴

마르세유 턴은 축구에서 사용되는 특수한 드리블 기술 중 하나예요. 공을 몰고 가다가 자신의 몸 안쪽으로 공을 당긴 뒤, 발로 공을 잡고 그 발을 축으로 몸을 한 바퀴 회전시킨 후 반대 발로 공을 끌고 나가는 것이지요. 마르세유 턴은 상대 수비수가 공을 빼앗으려고 달려들 때 순간적으로 방향을 전환해 상대를 따돌릴 수 있는 유용한 기술이에요.

마르세유 턴은 프랑스 축구 선수 지네딘 지단이 자주 사용하면서 유명해졌어요. 마르세유 턴이라는 이름도 지단이 태어난 프랑스의 도시 마르세유에서 따왔어요. 지단 외에도 마라도나, 호나우지뉴, 호나우두가 마르세유 턴을 즐겨 사용했어요.

마르세유 턴을 즐겨 사용한 지네딘 지단 ⓒ Christophe95

둘 라보나 킥

상대 선수를 교란하거나 골키퍼를 속일 때 사용하는 고난도 기술이에요. 라보나는 스페인어로 두 다리를 꼬는 탱고 스텝을 의미해요.

라보나 킥을 하려면 먼저 한 다리를 축으로 삼은 후 다른 쪽 다리를 축 뒤로 돌려 X자로 꼬아요. 그 다음 발등이나 발끝으로 공을 차지요. 이때 뒤쪽으로 꼬는 발을 최대한 앞발과 멀어지게 해서 공을 차면 공을 차는 발에 힘이 실려요.

2020-21 시즌 잉글랜드 프리미어 리그에서 토트넘 홋스퍼의 에리크 라멜라가 라보나 킥으로 골을 넣으며 해당 시즌 올해의 골로 선정되기도 했어요.

셋 플립 플랩

플립 플랩은 공을 가진 선수가 상대 팀 수비수를 돌파할 때 사용하는 드리블 기술이에요. 플립 플랩을 하려면 다리 사이에 둔 공을 발로 바깥쪽으로 밀어내는 동작을 취한 뒤, 볼이 발에서 떨어지기 직전에 재빨리 같은 발로 공을 당겨오며 드리블하면 돼요. 수비수의 눈을 속일 정도로 빠르게 발동작을 하는 것이 중요하지요. 정확하게 기술을 구사한다면 상대 수비수가 속수무책으로 당하기 쉬워요. 플립 플랩은 호나우지뉴가 자주 사용했던 기술로 유명해요.

넷 크루이프 턴

크루이프 턴은 발목을 순간적으로 공을 반대 방향으로 돌리며 상대 선수를 혼란에 빠뜨리는 기술이에요. 공을 몰고 가다가 한 발을 먼저 딛고 뒤에 있는 발 안쪽을 이용해 순간적으로 공을 반대 방향으로 밀면서 몸을 긋 쪽으로 180도 돌려 다시 공을 드리블하는 것이지요. 드리블하던 방향과 정반대로 가는 동작이기 때문에 상대 수비수는 순간적으로 판단력을 잃고 당황하게 되지요. 크루이프 턴은 네덜란드의 전설적인 선수이자 감독인 요한 크루이프가 자주 사용해 유명해졌어요. 대한민국의 안정환 선수가 크루이프 턴을 구사하며 관중들의 주목을 받았어요.

라보나 킥을 차는 엘릭스 옥슬레이드 체임벌린 ⓒ Kieran Clarke

5장

프로 무대에 데뷔하다

> "힘든 시기에도 꿋꿋이
> 네가 할 일을 하면서
> 기회를 준비한다면,
> 언젠가 빛을 보게 될 거야!"

* **바이아웃:** 입단 계약을 맺을 때 특정 금액을 정해 놓고, 그 금액 이상 낼 수 있는 구단이 있으면 소속 구단과 협의 없이 바로 선수와 협상할 수 있다는 내용의 계약 조항

2018년 10월 31일, 이강인은 코파 델 레이 32강 CD 에브로와의 경기에서 정규 시즌 1군 데뷔전을 가졌습니다. 이로써 발렌시아 CF 최초의 동양인 선수이자 한국 역대 최연소 유럽 1군 무대 데뷔 선수가 되었지요.

이후로도 꾸준한 경기력으로 가능성을 보여 준 이강인은 2019년 발렌시아 CF와 1군 계약을 맺고, 등번호 16번을 배정받았습니다.

통합 지식 플러스 ⑤

축구와 관련된 직업

축구 경기는 축구 선수만으로 이루어지지 않아요.
선수뿐 아니라 많은 사람이 경기장 안팎에서 힘을 쏟고 있지요.
어떤 사람들이 멋진 축구 경기를 위해 일하고 있는지 살펴봐요.

하나 스카우터

선수와 계약을 협의하는 스카우터

스카우터는 팀의 전력을 보강하기 위해 팀에 필요한 다른 팀 선수나 우수한 신인 선수를 영입하고 이적 교섭을 하는 사람이에요.

이를 위해 스카우터는 다른 팀 선수들의 정보를 수집하고 다양한 경기를 참관하지요. 또 고등학교, 대학교를 직접 방문해 기량이 뛰어나거나 잠재력을 지닌 선수들을 찾아내고 발굴해요. 그 밖에도 선수들의 능력을 분석하기 위해 다양한 자료를 수집하고 기록하지요.

스카우터는 신체 조건이나 운동 능력뿐만 아니라 기술력, 정신력, 사회성 등의 다양한 요소를 고려하여 선수를 분석해요. 이를 바탕으로 팀에 도움이 되는 선수인지 냉철하게 판단하지요. 적합한 선수를 찾은 뒤에는 선수와 계약 기간, 연봉, 계약금, 이적료 등을 협의하고 계약을 체결해요.

축구 팀에서 스카우터는 재능 있는 선수를 찾는 것을 넘어서 팀의 전력을 강화하고 팀의 미래를 준비하는 핵심적인 역할을 수행하고 있답니다.

둘 전력 분석관

경기를 과학적으로 분석하는 전력 분석관

전력 분석관은 팀의 선수, 경기 내용, 성과, 상대 팀 등을 과학적으로 분석한 후 팀의 실력과 성과 향상을 위한 훈련 프로그램, 경기 전략 등을 세우는 일을 해요.

전력 분석관은 기본적으로 팀의 전술과 경기 내용, 선수 개개인의 강점과 약점을 분석해요. 또 경기 영상을 촬영해 이를 바탕으로 선수들의 움직임을 분석하고 해당 경기에 사용한 전술과 기술을 평가해요. 이를 객관적인 통계 데이터로 나타내 분석 보고서를 만들어 코치진 및 선수들과 공유하고 보완이 필요한 부분을 강화하는 훈련 프로그램을 설계하는 데 참여해요. 전력 분석관의 분석은 다음 경기의 계획을 세우는 데에도 활용되지요.

선수들의 훈련 기간에는 선수들을 관찰하며 계획한 대로 훈련을 하고 있는지, 훈련 프로그램을 수정해야 하는지 알려 줘요.

셋 스포츠 통역사

스포츠 통역사는 외국에서 온 선수와 감독, 코치의 의사소통을 도와주는 사람이에요.

스포츠 통역사는 감독과 코치진, 선수 사이에서 전술, 기술 등 스포츠 전문 용어와 지시를 정확하게 전달해야 해요. 자칫 잘못 전달하면 경기의 승패가 바뀔 수도 있지요. 이 때문에 스포츠 통역사는 정확한 언어 전달 능력과 함께 해당 스포츠에 대한 깊이 있는 지식을 갖추고 있어야 해요.

스포츠 통역사는 통역하는 일 외에도 외국 선수와 감독이 현지에 잘 적응해 경기와 훈련에 집중할 수 있도록 다양한 지원 업무를 맡아요. 경기 시즌 뿐 아니라 훈련 기간에도 아침부터 저녁까지 외국 선수, 감독과 일상을 함께하지요. 구단의 다른 선수나 코치진과 좋은 관계를 유지할 수 있게 조언하거나, 식당을 소개하고 비자 업무를 하는 등 매니저 역할도 해요. 이런 특성 때문에 외국 선수, 감독과 정신적인 우대감도 잘 쌓아야 하지요.

나아가 스포츠 통역사는 해당 국가의 문화나 사고방식을 잘 이해하고 있어야 해요. 단순히 통역사가 아닌 언어 전달자이자 문화 전달자라고 할 수 있어요.

6장
빛나는 월드컵

> "대한민국 선수 최초로
> 골든볼을 받다니….
> 어머니 말씀대로 기회가 왔고,
> 난 그 기회를 놓치지 않았어."

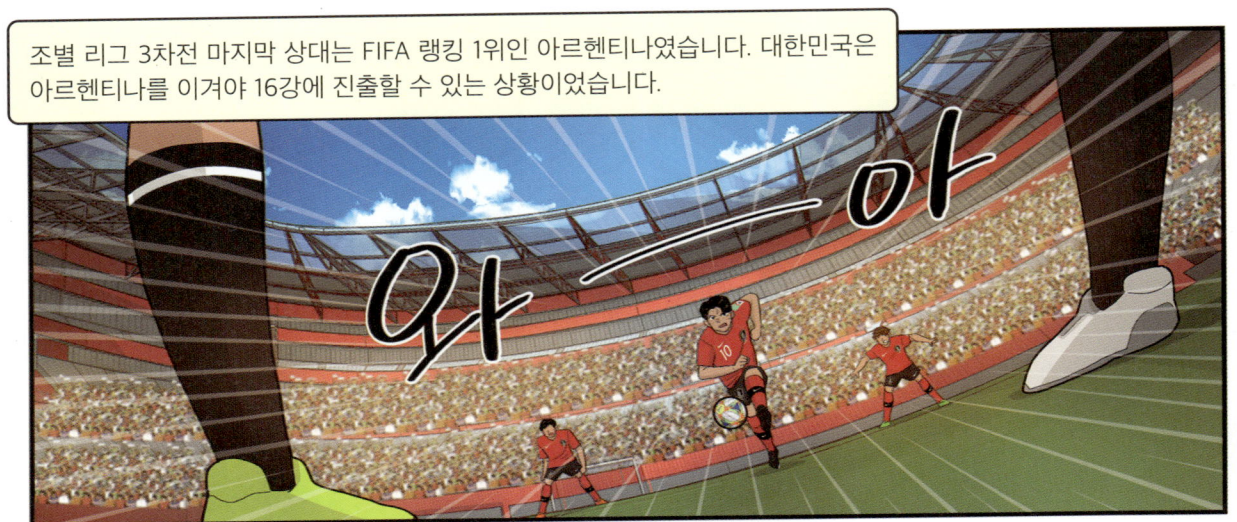

* 마르세유 턴: 드리블 도중 공을 한쪽 발로 자기 쪽으로 끌어들이며 상대방을 등지고 다른 쪽 발뒤꿈치로 공을 끌며 다시 앞으로 돌아 제치는 기술

많은 사람들의 관심이 주목된 한일전, 대한민국은 전반전에 일본에게 밀리는 모습을 보였지만 후반전 남다른 경기력으로 1:0 승리를 거두며 8강에 진출했습니다.

8강전 대한민국 대 세네갈

세네갈 케빈 디아녜 선수가 골을 넣으며 전반전은 0:1로 세네갈이 앞서갔습니다.

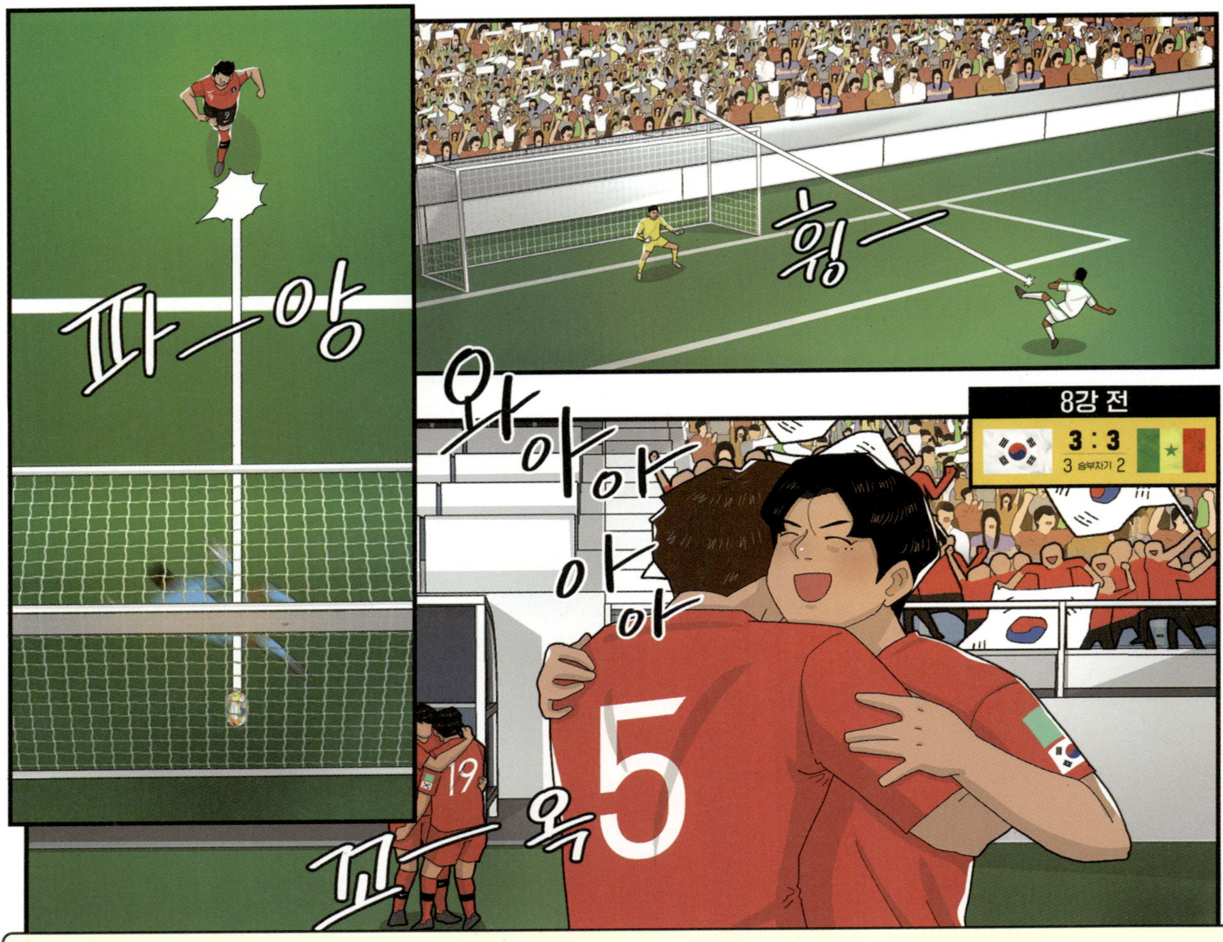

8강 세네갈전은 대회를 통틀어 가장 극적인 경기였습니다. 막상막하의 대결을 펼친 끝에 대한민국은 승부차기에서 세네갈을 꺾고 4강에 진출했습니다.

36년 만에 U-20 4강 진출이라니. 이 역사적 순간에 내가 있다는 게 믿겨지지 않아.

여기까지 온 건 우리 모두 노력했기에 가능했던 거야!

대한민국은 이강인의 페널티 킥으로 먼저 점수를 얻었지만, 3번의 실점으로 결국 준우승을 하게 되었습니다.

U-20 월드컵에서 대한민국은 비록 준우승에 그쳤지만, 이강인은 최우수 선수로 뽑혀 골든볼을 받았습니다. 이강인은 리그와 대표 팀 경기를 가리지 않고 활약을 이어 가며 차세대 축구 스타로서 확실한 입지를 다졌습니다.

통합 지식 플러스 ⑥

세계 명문 축구 구단

오랜 역사와 수많은 우승 기록을 지닌 세계적인 축구 구단들이 있어요. 세계 각지에서 모인 우수한 선수들이 이 구단에서 뛰고 있지요.

하나 맨체스터 유나이티드 FC

맨체스터 유나이티드 FC는 영국 맨체스터를 연고지로 하는 프로 축구 구단으로, 세계 최고의 리그를 손꼽히는 잉글랜드 프리미어 리그에 속해 있어요.

맨체스터 유나이티드 FC의 역사는 1878년으로 거슬러 올라가요. 창단 당시의 구단 이름은 '뉴튼 히스'였어요. 창단 이후 꾸준히 재정적인 어려움을 겪던 뉴튼 히스는 1902년 새로운 투자자를 구한 뒤 구단 이름을 맨체스터 유나이티드 FC로 바꾸었지요. 이때 팀의 색상 역시 붉은색과 흰색으로 변경했는데, 이는 지금도 맨체스터 유나이티드 FC의 상징 색으로 남아 있습니다.

맨체스터 유나이티드 FC는 프리미어 리그에서 가장 많은 우승 기록을 보유하고 있어요. 지금까지 무려 20번의 리그 우승을 차지했지요. 또한 FA컵 13회, UEFA(유럽 축구 연맹) 챔피언스 리그 3회 등의 우승 기록을 보유하고 있어요.

대한민국의 박지성 선수가 2005년 맨체스터 유나이티드 FC에 입단하면서 한국인 최초의 프리미어 리거로 활약하기도 했어요.

맨체스터 유나이티드 FC가 차지한 역대 우승컵 ⓒ Kskhh

레알 마드리드 CF

레알 마드리드 CF는 FC 바르셀로나와 함께 스페인을 대표하는 축구 클럽이에요.

1902년 창단된 레알 마드리드 CF는 1953년, 세계 최고의 선수였던 알프레도 디 스테파노를 영입하며 강팀으로 발돋움했어요. 당시 레알 마드리드 CF는 '황금 세대'라 불린 뛰어난 선수들을 데리고 1955-56 시즌부터 5시즌 연속으로 유러피언컵 우승을 달성하기도 했지요.

2000년대 초, 레알 마드리드 CF는 세계적인 축구 선수를 공격적으로 영입하는 '갈락티코(은하수)' 정책을 펼치며 다시 한번 도약했어요. 루이스 피구를 시작으로 지네딘 지단, 호나우두, 데이비드 베컴 등 세계 최고라 불리던 선수들을 엄청난 금액으로 영입했지요.

스페인 리그 최다 우승, UEFA 챔피언스 리그 최다 우승, 유럽 5대 리그 중 최초의 100회 우승 등 엄청난 기록을 써 내려 간 레알 마드리드 CF는 수많은 선수들에게 지금까지도 '꿈의 클럽'이라고 불리고 있습니다.

리그 1 우승 트로피 @ Gundan

파리 생제르맹 FC

파리 생제르맹 FC는 프랑스 리그 1 소속 프로 축구 구단이에요. 파리 생제르맹 FC는 1970년에 스타드 생제르맹과 파리 FC의 합병으로 탄생했어요. 100년 이상 된 팀이 많은 유럽 축구 구단 중에서 비교적 역사가 짧지만 프랑스 축구 역사상 가장 많은 기록을 보유하고 있어요. 2011년 카타르 스포츠 인베스트먼츠가 구단을 인수한 후 실력 있는 감독과 선수를 영입에 과감한 투자를 한 덕분에 급격한 성장을 이뤄낼 수 있었지요. 2023-24 시즌 포함 유럽 5대 리그 중 하나인 리그 1 12회 우승, 쿠프 드 프랑스 15회 우승 등 프랑스 주요 축구 대회에서 여러 차례 우승을 거머쥐었어요.

대표적으로 킬리안 음바페, 네이마르 주니오르, 지네딘 지단이 파리 생제르맹 FC에서 활약했고, 대한민국의 이강인 선수가 2023년부터 미드필더로 활동하고 있어요.

7장

도전은 이제 시작이다

> "
> 앞으로도 지금까지
> 해 왔던 것처럼 항상 최선을 다하고,
> 좋은 축구 선수이자
> 좋은 사람이라는 걸
> 증명해 보이겠습니다.
> "

후반전에도 어느 한쪽도 물러서지 않는 치열한 승부가 펼쳐졌습니다. 결국 추가 6분이 주어진 상황, 대한민국 선수들은 모두 포기하지 않고 달렸습니다.

결국 우루과이가 가나를 2:0으로 꺾으며, 포르투갈을 상대로 값진 역전승을 이루어 낸 대한민국이 12년 만에 월드컵 16강에 올라가게 되었습니다.

2023년 7월, 이강인은 프랑스 '리그 1'에 소속된 파리 생제르맹 FC에 입단하게 됩니다. 이로써 이강인은 파리 생제르맹 FC 구단 역사상 최초의 한국인 선수가 되었습니다.

세계 최고 선수들이 모인 세계 최고의 클럽 파리 생제르맹에 입단하게 되어 기쁩니다. 저는 이기고 싶은 욕망과 갈증이 많은 선수입니다. 팀의 승리를 돕기 위해 왔고, 이를 보여 드릴 수 있게 노력하겠습니다.

매 순간 최선을 다하다 보니, 여기까지 왔구나.

내 도전은 아직 끝나지 않았어!

이강인은 데뷔골을 넣고 얼마 뒤, 홈구장에서 열린 리그 1 몽펠리에 HSC와의 리그 11라운드 경기에서 전반전 시작 10분 만에 멋진 골을 뽑아냈습니다.

이 골은 구단이 선정한 11월의 골에 뽑힐 정도로 강렬한 인상을 남겼습니다. 이적 이후 자신의 기량을 한껏 뽐내며 맹활약을 펼치고 있는 이강인. 그의 도전은 이제 시작입니다!

생각해 보기

> 책을 다 읽은 뒤 내용을 되새기고
> 생각하는 시간도 필요합니다.
> 책에 대해 주변 사람들과
> 함께 이야기 나누면 더욱 좋아요!

승리의 설계자 '이강인'이 궁금해!

어릴 때부터 많은 관심을 받았는데, 부담스럽지 않았나요?

오히려 어렸을 때부터 관심 받을 수 있었다는 점에 항상 감사해요. 운이 좋게 프로그램 〈날아라 슛돌이〉에 출연했고, 그 인연 덕분에 스페인으로 축구 유학을 갈 좋은 기회가 주어졌어요. 물론 사람들의 기대와 관심이 부담될 때도 있었지만 그 또한 동기 부여가 되어 더 열심히 훈련하게 됐어요. 또 프로 축구 선수가 되니 팬들의 사랑과 관심이 얼마나 감사한지 더욱 실감하게 되더라고요. 경기장에서 들리는 팬들의 응원 소리, 저에게 정말 큰 힘이 됩니다.

지치고 힘들 때 어디서 힘을 얻나요?

가족은 저를 지지해 주는 든든한 버팀목이에요. 제가 어딜 가든 늘 제 곁에 있어 줬어요. 스페인으로 떠났을 때, 파리로 이적할 때도 온 가족이 함께했죠. 가족 덕분에 제가 어린 나이에 외국 생활에 적응하는 데 큰 어려움이 없었던 거 같아요. 저에게 가족은 아주 소중한 존재예요. 지금도 쉬는 날에는 가족들과 밥을 먹으면서 에너지를 충전해요. 그러고 보니 파리 생제르맹 이적이 결정됐을 때도 가족한테 제일 먼저 이적 소식을 알렸네요.

축구를 잘하게 된 비결이 있나요?

훈련을 하거나 경기를 뛸 때 팀에 도움이 되는 선수가 되려고 많은 노력을 기울여요. 스페인에 있을 때는 상대방을 살피는 연습과 공을 받으며 돌아서는 훈련을 많이 했어요. 끊임없이 반복하고 연습하다 보면 어느 순간 경기장에서 성공하는 날이 오더라고요. 또 실력이 뛰어난 선수들의 플레이를 보고 이미지 트레이닝도 자주 했어요. 물론 그 선수와 체형이나 다리 길이 등 신체 조건이 달라서 무작정 동작을 따라 하려고 하면 안 돼요. 어떤 상황에서 그런 플레이를 했는지 보고 머릿속에 이미지를 그리면서 상황 판단 능력을 배우려고 했어요.

축구 선수로서 본인의 장점을 소개해 주세요.

전 다양한 포지션을 소화할 수 있어요. 미드필더이지만 양쪽 윙 포워드 자리에서 뛸 수도 있죠. 트래핑, 패스, 드리블, 슈팅 등 공으로 하는 플레이들을 아주 능숙하고 편안하게 할 수 있어요. 또 승리를 향한 열망이 남달라서 제가 공격할 기회를 얻는 것보다 팀의 승리가 저한테는 제일 중요해요. 언제나 팀의 승리에 도움이 되기 위해 경기장에서도 훈련장에서도 최선을 다하고 있어요.

축구 경기를 할 때 어떤 마음가짐으로 경기장에 들어가나요?

경기장에 들어가면 나중에 후회가 남지 않게 제가 할 수 있는 모든 것을 하고 나오려고 해요. 경기가 우리 팀에 불리하게 흘러가더라도 조급해 하지 않아요. 팀 동료들과 함께 그 경기에 맞는 우리만의 해결책을 찾아내요. 그리고 불리한 상황을 바꾸려고 있는 힘껏 발을 내딛어요.

앞으로의 목표가 궁금해요.

축구 선수로서 더욱 성장하고 발전하고 싶어요. 파리 생제르맹과 대한민국 국가대표팀의 선수들과 함께 훈련하면서 많은 걸 배우고 싶고, 팀의 승리에 기여하고 싶어요. 최대한 많은 우승컵을 얻는 게 목표예요. 또 개인적으로는 가족을 포함해 소중한 사람들과 함께 행복하게 살고 싶어요.

축구 잘하는 비결

그림 강호견

이강인 연표

2001~2007
- 2월 19일 인천에서 출생
- KBS 방송 날아라 슛돌이 어린이 축구단 3기 참여

2011
- 발렌시아 CF 유소년 팀 입단
- 토렌트 국제 축구 대회 MVP
- 마요르카 국제 축구 대회 MVP

2013~2016
- 12세 이하 국제 유소년 축구 대회 득점
- 로케타스 데 마르 대회 우승, MVP 수상
- 스페인 전국 대회 준우승 (발렌시아 U-16세 대표 팀)
- 발렌시아 유소년 팀 올해의 골

2019
- 발렌시아 CF 1군 정식 승격
- FIFA U-20 월드컵 준우승, 골든볼 수상
- 아시아 축구 연맹 올해의 유스 플레이어
- 대한 축구 협회 올해의 영 플레이어

2021
- 도쿄 올림픽 남자 축구 국가대표
- RCD 마요르카 이적

- 국제 청소년 축구 대회 COTIF U-20 준우승, MVP 수상
- 발렌시아 CF 19세 이하 팀 소속으로 프로 무대 데뷔

- 툴롱컵 U-19 국가대표
- 코파 델 레이에서 발렌시아 CF 1군 데뷔

2017

2018

2022~2023

2024

- 카타르 월드컵 국가대표
- 파리 생제르맹 FC 이적
- 항저우 아시안 게임 남자 축구 금메달

- 2024 프랑스 슈퍼 컵(트로페 데 샹피옹) 우승, MVP 수상
- 아시아 축구 연맹 카타르 아시안 컵 국가대표
- 리그1 우승
- 쿠프 드 프랑스 우승
- 도메스틱 트레블 달성

독후 활동 1

무적의 축구 구단을 만들어요!

평소 좋아하던 감독과 선수들이 한 팀으로 뛰는 모습을 상상해 본 적 있나요? 구단주가 되어서 세계 최강의 축구 구단을 만들어 보세요. 갈락티코 정책을 펼쳤던 레알 마드리드 CF처럼 최고의 축구 선수와 감독을 영입해 보세요. 세계적인 축구 선수들로 한 팀을 꾸린다니, 생각만 해도 짜릿하지 않나요?

축구 구단 공식 명칭
_____

별명
_____

창립일
_____

연고지
_____

공식 경기장 이름
_____

구단을 어떤 감독에게 맡기고 싶나요? 왜 그 감독을 선택했나요?
_____

영입하고 싶은 선수를 적어 보세요. 그리고 왜 그 선수를 우리 팀으로 데리고 오고 싶은지도 써 보세요.

선수 이름	포지션	현재 소속	영입 희망 이유

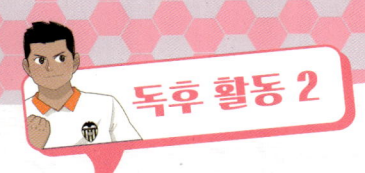

잔디 위를 누비는 멋진 축구 선수가 되어 봐요!

축구 경기가 전후반 90분과 연장전을 통해서도 승부가 나지 않으면 승부차기가 시작돼요. 승부차기는 골키퍼와 키커의 일대일 승부 형태로 이루어져요. 승부차기는 단 한 번에 킥으로 승부가 결정 나는 만큼 선수들의 실력뿐 아니라 행운도 따라야 해요. 또한 키커와 골키퍼의 두둑한 배짱도 중요하지요.

여러분이 중요한 경기에서 승부차기를 앞둔 선수라고 상상해 보세요. 중요한 순간에 성공하고 싶은 나에게 보내는 응원의 메시지를 써 보세요. 또 어떻게 승부차기에 성공하고 싶은지 그려 보세요.

응원 메시지

멋지게 승부차기에 성공하는 내 모습을 상상해 그려 보세요.

오늘부터 시작하는 '꿈 이루기' 프로젝트

이강인은 프로 축구 선수가 되어 유럽 무대에서 활약하는 꿈을 가지고 있었어요. 그래서 꿈을 이루기 위해 차근차근 목표를 세워 노력했지요. 여러분도 이강인처럼 이루고 싶은 꿈이 있을 거예요. 그리고 이루고 싶은 꿈이 먼 미래의 일처럼 느껴져 막막할 수도 있겠지요. 그런데 꿈은 한순간에 이룰 수 없어요. 먼저 꿈을 이루기 위한 목표를 차근차근 세우고, 목표를 이루기 위한 실천 습관을 만들어 나가야 해요.

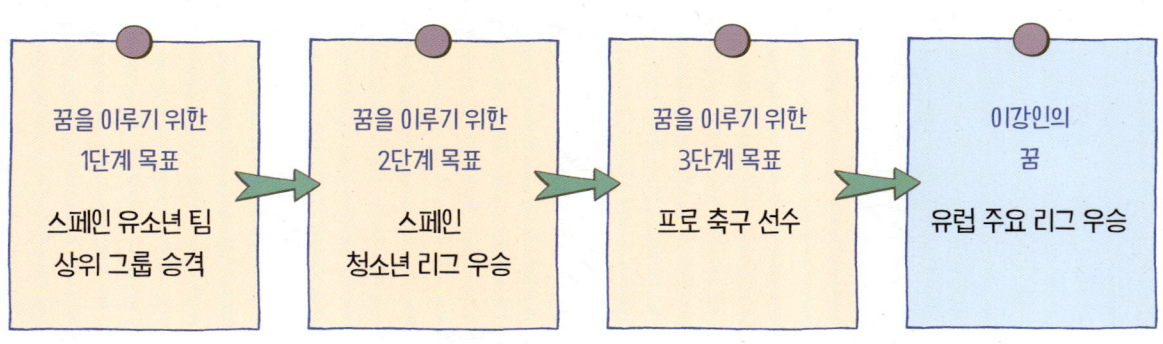

1단계 목표를 위한 실천 습관	
체력과 근력 향상을 위한 기초 운동	건강한 몸을 위한 음식
① 매일 줄넘기하기 ② 매일 달리기	① 5대 영양소가 있는 식사하기 ② 패스트푸드와 탄산음료 먹지 않기
축구 훈련	스페인 생활 적응
① 드리블, 패스, 볼 컨트롤 연습 ② 프로 축구 선수들의 플레이 공부	① 스페인어 공부 ② 스페인 문화 익히기 ③ 스페인 친구들과 잘 지내기 ④ 학교 공부 열심히 하기

자, 그럼 '꿈 이루기' 프로젝트를 시작해 볼까요? 먼저 꿈을 이루기 위한 단계별 목표를 써 보세요. 가까운 목표부터 시작해 자신의 꿈을 향해 가는 거예요. 1단계 목표는 너무 거창하기보다 자신이 잘 이해하고 이룰 수 있는 목표가 좋아요. 다음으로 1단계 목표를 이루려면 어떤 실천 습관이 필요할지 써 보세요. 그리고 매일매일 실천하는 거예요. 그렇게 노력하면 분명 1단계 목표를 이루게 될 거예요. 그러고 나서는 어떻게 하냐고요? 2단계 목표를 이루기 위한 실천 습관을 만들면 된답니다.

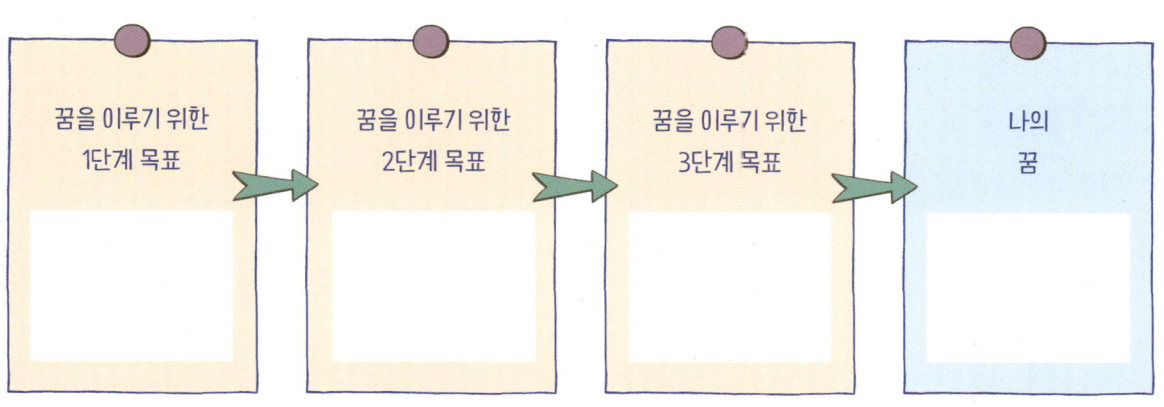

1단계 목표를 위한 실천 습관	

 스페셜

이강인

초판 1쇄 발행 2024년 6월 28일
초판 3쇄 발행 2024년 8월 30일

글 이혜원 그림 리버앤드스타 스튜디오 표지화 신춘성

펴낸이 김선식
펴낸곳 다산북스

부사장 김은영
어린이사업부총괄이사 이유남
책임편집 강푸른 디자인 김은지 책임마케터 최민용 김희연
어린이콘텐츠사업1팀장 박정민 어린이콘텐츠사업1팀 김은지 박세미 강푸른
마케팅본부장 권장규 마케팅3팀 최민용 안호성 박상준 김희연 송지은
미디어홍보본부장 정명찬
편집관리팀 조세현 김호주 백설희 저작권팀 한승빈 이슬 윤제희 제휴홍보팀 류승은 문윤정 이예주
재무관리팀 하미선 윤이경 김재경 임혜정 이슬기
인사총무팀 강미숙 지석배 김혜진 황종원
제작관리팀 이소현 김소영 김진경 최완규 이지우 박예찬
물류관리팀 김형기 김선민 주정훈 김선진 한유현 전태연 양문현 이민운
외부스태프 배경 강동대학교 만화애니메이션콘텐츠과 김한재 교수 최세락 하승철 박준하

출판등록 2005년 12월 23일 제313-2005-00277호
주소 경기도 파주시 회동길 490
전화 02-704-1724 팩스 02-703-2219
다산어린이 카페 cafe.naver.com/dasankids 다산어린이 블로그 blog.naver.com/stdasan
종이 한솔PNS 인쇄 한영문화사 코팅 및 후가공 평창피엔지 제본 대원바인더리

ISBN 979-11-306-6053-0 14990

- 책값은 표지 뒤쪽에 있습니다.
- 파본은 본사와 구입하신 서점에서 교환해 드립니다.
- 이 책은 저작권법에 의하여 보호를 받는 저작물이므로 무단 전재와 복제를 금합니다.
- 이 책에 실린 사진의 출처는 셔터스톡, 위키피디아, 연합뉴스 등입니다.

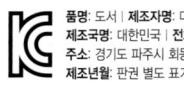

품명: 도서	**제조자명**: 다산북스
제조국명: 대한민국	**전화번호**: 02)704-1724
주소: 경기도 파주시 회동길 490	
제조년월: 판권 별도 표기	**사용연령**: 8세 이상

※ KC마크는 이 제품이 공통안전기준에 적합하였음을 의미합니다.

책 읽기를 더 재미있게!
'다산어린이 공식 카페'에서 다양한 독서 콘텐츠를 만나 보세요!

다산어린이 공식 카페에 오면 독후 활동을 도와주는 자료가 가득합니다.
가로세로 낱말 퀴즈, 컬러링 등 놀이형 활동 자료부터 문해력을 길러 주는 한국사 독해 워크북,
생각의 힘을 키우는 1일 1생각 워크북 등 학습 능력을 향상시키는 활동 자료도 준비되어 있습니다.
전 학년이 즐길 수 있는 다양한 독후 활동으로 재미있는 책 읽기를 시작해 보세요!

※ 독서 콘텐츠는 계속 업데이트될 예정입니다.
cafe.naver.com/dasankids

1,000만 독자가 선택한 인물 교양 학습만화

who? 시리즈

★ 대한민국 교육브랜드 대상 10년 연속 수상
★ 어린이문화진흥회 좋은어린이책 선정
★ 소년한국일보 우수어린이도서 선정
★ 한국 최초 미국 초등학교 부교재 채택
★ 9개국 콘텐츠 수출(중국, 일본, 대만, 브라질, 베트남, 태국 등)

초등학생이 꼭 알아야 할 인물들을 만나다!

쉽고 재미있게 지식을 전하고, 전 세계 인물을 통해 세상을 넓고 깊게 보여 줍니다.

미래의 롤 모델을 찾는 안내서로써 다양한 일생을 소개하여 어린이들의 꿈을 키워 줍니다.

인물의 업적은 물론, 역경과 극복의 이야기를 담아 꿈을 이루어 가는 방법을 가르쳐 줍니다.

who? 한국사

초등 역사 공부의 첫 단추! '인물'을 알아야 시대가 보인다

● 선사·삼국 ● 남북국 ● 고려 ● 조선 ● 근대

- 01 단군·주몽
- 02 혁거세·온조
- 03 근초고왕
- 04 광개토 대왕
- 05 진흥왕
- 06 의자왕·계백
- 07 연개소문
- 08 김유신
- 09 대조영
- 10 원효·의상
- 11 장보고
- 12 최치원
- 13 견훤·궁예
- 14 왕건
- 15 서희·강감찬
- 16 묘청·김부식
- 17 의천·지눌
- 18 최충헌
- 19 공민왕
- 20 정몽주
- 21 이성계·이방원
- 22 정도전
- 23 세종 대왕
- 24 김종서·세조
- 25 조광조
- 26 이황·이이
- 27 신사임당·허난설헌
- 28 이순신
- 29 광해군
- 30 김홍도·신윤복
- 31 정조
- 32 김만덕·임상옥
- 33 정여립·홍경래
- 34 박지원
- 35 정약용
- 36 최제우·최시형
- 37 김정호·지석영
- 38 전봉준
- 39 김옥균
- 40 흥선 대원군·명성 황후
- 41 허준
- 42 선덕 여왕
- 43 윤봉길
- 44 안중근
- 45 유관순
- 46 을지문덕
- 47 홍범도

※ who? 한국사(전 47권) | 대상 초등학교 전 학년 | 책 크기 188×255 | 각 권 페이지 190쪽 내외

who? 인물 중국사

인물로 배우는 최고의 역사 이야기

- 01 문왕·무왕
- 02 강태공·관중
- 03 공자·맹자
- 04 노자·장자
- 05 한비자·진시황
- 06 유방·항우
- 07 한 무제·사마천
- 08 조조·유비
- 09 제갈량·사마의
- 10 왕희지·도연명
- 11 당 태종·측천무후
- 12 현장 법사
- 13 이백·두보
- 14 왕안석·소동파
- 15 주희·왕양명
- 16 칭기즈 칸
- 17 주원장·영락제
- 18 정화
- 19 강희제·건륭제
- 20 임칙서·홍수전
- 21 증국번·호설암
- 22 서 태후·이홍장
- 23 캉유웨이·위안스카이
- 24 쑨원
- 25 루쉰
- 26 장제스·쑹칭링
- 27 마오쩌둥
- 28 저우언라이
- 29 덩샤오핑
- 30 시진핑

※ who? 인물 중국사(전 30권) | 대상 초등학교 전 학년 | 책 크기 188×255 | 각 권 페이지 190쪽 내외

who? 아티스트

최고의 명작을 탄생시킨 아티스트들을 만나다

● 문화·예술·언론·스포츠

- 01 조앤 롤링
- 02 빈센트 반 고흐
- 03 월트 디즈니
- 04 레오나르도 다빈치
- 05 오프라 윈프리
- 06 마이클 잭슨
- 07 코코 샤넬
- 08 스티븐 스필버그
- 09 루트비히 판 베토벤
- 10 안토니 가우디
- 11 김연아
- 12 오드리 헵번
- 13 찰리 채플린
- 14 펠레
- 15 레프 톨스토이
- 16 버지니아 울프
- 17 마이클 조던
- 18 정명훈
- 19 한스 크리스티안 안데르센
- 20 미야자키 하야오
- 21 강수진
- 22 마크 트웨인
- 23 리오넬 메시
- 24 이사도라 덩컨
- 25 앤디 워홀
- 26 백남준
- 27 마일스 데이비스
- 28 안도 다다오
- 29 조지프 퓰리처
- 30 프리다 칼로
- 31 우사인 볼트
- 32 조성진
- 33 마리아 칼라스
- 34 오귀스트 로댕
- 35 오리아나 팔라치
- 36 프레데리크 쇼팽
- 37 시몬 드 보부아르
- 38 존 레넌
- 39 밥 말리
- 40 파블로 피카소

※ who? 아티스트(전 40권) | 대상 초등학교 전 학년 | 책 크기 188×255 | 각 권 페이지 190쪽 내외

who? 인물 사이언스

기술로 세상을 발전시킨 과학자들의 이야기

● 과학·탐험·발명
- 01 알베르트 아인슈타인
- 02 스티븐 호킹
- 03 루이 브라유
- 04 찰스 다윈
- 05 제인 구달
- 06 장 앙리 파브르
- 07 마리 퀴리
- 08 리처드 파인먼
- 09 어니스트 섀클턴
- 10 루이 파스퇴르
- 11 조지 카버
- 12 아멜리아 에어하트
- 13 알렉산더 플레밍
- 14 그레고어 멘델
- 15 칼 세이건
- 16 라이너스 폴링
- 17 빌헬름 뢴트겐
- 18 벤저민 프랭클린
- 19 레이철 카슨
- 20 김택진

● 공학·엔지니어
- 21 래리 페이지
- 22 스티브 잡스
- 23 빌 게이츠
- 24 토머스 에디슨
- 25 니콜라 테슬라
- 26 알프레드 노벨
- 27 손정의
- 28 라이트 형제
- 29 제임스 와트
- 30 장영실
- 31 알렉산더 그레이엄 벨
- 32 카를 벤츠
- 33 마이클 패러데이
- 34 루돌프 디젤
- 35 토머스 텔퍼드
- 36 일론 머스크
- 37 헨리 포드
- 38 헨리 베서머
- 39 앨런 튜링
- 40 윌리엄 쇼클리

※ who? 인물 사이언스 (전 40권) | 대상 초등학교 전 학년 | 책 크기 188×255 | 각 권 페이지 180쪽 내외

who? 세계 인물

만화로 만나는 세상을 바꾼 위대한 인물들의 이야기

● 정치 ● 경제 ● 인문 ● 사상
- 01 버락 오바마
- 02 힐러리 클린턴
- 03 에이브러햄 링컨
- 04 마틴 루서 킹
- 05 윈스턴 처칠
- 06 워런 버핏
- 07 넬슨 만델라
- 08 앤드루 카네기
- 09 빌리 브란트
- 10 호찌민
- 11 체 게바라
- 12 무함마드 유누스
- 13 마거릿 대처
- 14 앙겔라 메르켈
- 15 샘 월턴
- 16 김대중
- 17 드와이트 아이젠하워
- 18 김순권
- 19 아웅산수찌
- 20 마쓰시타 고노스케
- 21 마하트마 간디
- 22 헬렌 켈러
- 23 마더 테레사
- 24 알베르트 슈바이처
- 25 임마누엘 칸트
- 26 로자 룩셈부르크
- 27 카를 마르크스
- 28 노먼 베쓴
- 29 존 메이너드 케인스
- 30 마리아 몬테소리
- 31 피터 드러커
- 32 왕가리 마타이
- 33 마거릿 미드
- 34 프리드리히 니체
- 35 이종욱
- 36 지크문트 프로이트
- 37 존 스튜어트 밀
- 38 하인리히 슐리만
- 39 헨리 데이비드 소로
- 40 버트런드 러셀

※ who? 세계 인물 (전 40권) | 대상 초등학교 전 학년 | 책 크기 188×255 | 각 권 페이지 180쪽 내외

who? 스페셜·K-pop

아이들이 가장 만나고 싶고, 닮고 싶은 현대 인물 이야기

스페셜
- 유재석
- 류현진
- 박지성
- 문재인
- 안철수
- 손석희
- 노무현
- 이승엽
- 손흥민
- 추신수
- 박항서
- 박종철·이한열
- 노회찬
- 봉준호
- 도티
- 홀트부부
- 페이커
- 엔초 페라리 & 페루치오 람보르기니
- 제프 베이조스
- 권정생
- 김연경
- 조수미
- 오타니 쇼헤이
- 킬리안 음바페
- 김민재
- 이강인

K-pop
- 보아
- BTS 방탄소년단
- 트와이스
- 아이유
- 블랙핑크

※ who? 스페셜·K-pop | 대상 초등학교 전 학년 | 책 크기 188×255 | 각 권 페이지 190쪽 내외